AF358047

28 Novembre 1905   V

VENTE DU MARDI 28 NOVEMBRE 1905
HOTEL DROUOT, SALLE N° 7
à deux heures

OBJETS D'ART

ET

DE CURIOSITÉ

EXPOSITION PUBLIQUE
LE LUNDI 27 NOVEMBRE 1905
DE 1 HEURE 1/2 A 5 HEURES 1/2

COMMISSAIRE-PRISEUR	EXPERTS
Mᵉ PAUL CHEVALLIER	**MM. MANNHEIM**
10, rue Grange-Batelière	7, rue Saint-Georges

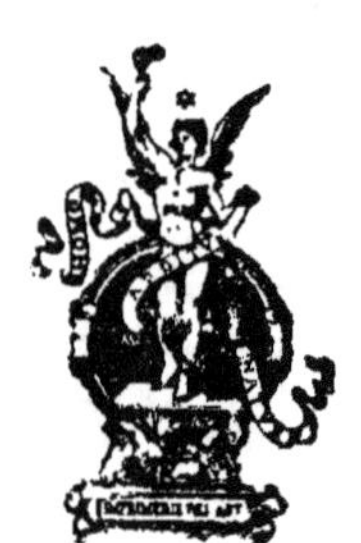

CATALOGUE

DES

OBJETS D'ART

ET DE

CURIOSITÉ

FAIENCES ET PORCELAINES

OBJETS DIVERS

BOIS SCULPTÉS — BRONZES

ÉTOFFES — TAPIS D'ORIENT

TAPISSERIES

DONT LA VENTE AURA LIEU

HOTEL DROUOT, SALLE N° 7

Le Mardi 28 Novembre 1905

A DEUX HEURES

COMMISSAIRE-PRISEUR	EXPERTS
Mᵉ PAUL CHEVALLIER	**MM. MANNHEIM**
10, rue Grange-Batelière	7, rue Saint-Georges

EXPOSITION PUBLIQUE

Le Lundi 27 Novembre 1905, de 1 h. 1/2 à 5 h. 1/2

CONDITIONS DE LA VENTE

Elle sera faite au comptant.

Les acquéreurs payeront *dix pour cent* en sus des enchères.

Paris. — Imp. de l'Art. E. Moreau et Cⁱᵉ, 41, rue de la Victoire.

DÉSIGNATION

FAIENCES ET PORCELAINES

1 — Petit vase en biscuit de Wedgwood, pot à lait, ancienne porcelaine de Custine; soucoupe décor bleu, porcelaine ; bouteille faïence.

2 — Deux plats en ancienne faïence de Rhodes ; décor de fleurs.

3 — Plat en ancienne faïence de Rouen : branches de fleurs et quadrillés en couleurs.

4 — Jardinière en porcelaine laquée du Japon.

5 — Groupe en ancien biscuit : paysan et paysanne debout.

6 — Trois petits vases, avec deux couvercles, en ancienne porcelaine de Hoechst, décor de médaillons-bustes.

7 — Ecuelle et plateau, fleurs, ancienne porcelaine de Limoges.

8 — Plat rond en ancienne porcelaine du Japon ;
marli gaufré.

9 — Plateau en ancienne faïence d'Urbino, aux
armes des Médicis.

10 — Plateau, même faïence, grotesques.

11 — Coupe, même faïence; au fond, saint Pierre.

12 — Petite coupe, même faïence : l'Annonciation.

13 — Coupe : compartiments à paysages et figure
de saint. Ancienne faïence italienne.

14 — Coupe, même faïence: amour et motifs en
bleu.

15 — Coupe, ancienne faïence espagnole: animal et
arbre.

16 — Coupe en faïence, décor d'arabesques sur fond
gros-bleu.

17 — Trois plats en céladon gris et vert de la
Chine.

18 — Deux plats : oiseau et maisons en bleu. Ancienne faïence italienne.

19 — Plat, même faïence ; décor bleu à médaillon et compartiments.

20 — Petite assiette: paysage. Ancienne faïence de Castelli.

21 — Plat : Ève et le Démon. Faïence italienne.

22 — Plat : femme et enfants. Faïence italienne.

23 — Plat, même faïence : oiseaux et feuillages.

24 — Plat, même faïence : l'Enlèvement d'Europe.

25 — Compotier, même faïence, décor bleu : habitations et feuillages.

26 — Plat en ancienne faïence hispano-mauresque, décor à reflets métalliques; écusson chargé d'un aigle et motifs irréguliers.

27 — Plat, même faïence, décor en bleu et à reflets métalliques.

28 — Bassin, même faïence, décor en bleu et à reflets métalliques.

29 — Plat, même faïence, décor à reflets métalliques : motifs irréguliers.

30 — Cafetière, feuillages en vert ; ancienne faïence d'Asie mineure.

31 — Gourde, décor polychrome de fleurs ; ancienne faïence de Kutaya.

32 — Autre analogue.

33 — Aiguière en ancienne faïence de Perse, décor bleu.

34 — Panse de flacon en ancien faïence de Perse : feuillages en bleu et inscriptions.

35 — Gourde, décor bleu, même faïence.

36 — Douze pièces : carreaux en anciennes faïences de Rhodes, Damas et Perse.

37 — Hanap, décoré de fleurs, en ancienne faïence de Rhodes.

38 — Cruche, même faïence.

39 — Assiette en ancienne porcelaine tendre de Sèvres, à décor de fleurs.

40 — Assiette en ancienne faïence de Moustiers :
Diane chasseresse.

41 — Cinq pièces, faïence : plats, coupe et assiette.

42 — Deux assiettes, style japonais. Faïence italienne.

43 — Sept assiettes, fleurs et arbustes. Anciennes
porcelaines de la Chine et du Japon.

44 — Deux groupes : la Vierge et l'Enfant Jésus.
Faïence.

45 — Huit pièces : compotiers et assiettes : fleurs et
personnages. Anciennes porcelaines de la
Chine et du Japon.

OBJETS DIVERS

46 — Broche - camée, tête de guerrier, montée
cuivre.

47 — Petite bouteille en émail cloisonné de la
Chine, fond bleu.

48 — Miniature ronde : portrait de femme assise,
en costume Louis XVI, tenant un livre.

49 — Miniature ovale : femme en buste en costume
Louis XVI, corsage bleu décolleté.

50-53 — Sept miniatures : portraits de femmes et
d'hommes. (Seront divisées.)

54 — Deux aquarelles : portrait de jeune fille et
portrait d'homme. L'un signé et daté : *1833.*

55 — Miniature : portrait de femme à mi-corps en
costume Louis XV.

56 — Bas-relief en cire : le Triomphe de Henri IV.

57 — Petit vase en cristal de roche, sur base en
jaspe, et monté en or.

58 — Bâton de derviche en bois sculpté.

59 — Bol, avec couvercle, en ivoire sculpté et
peint. Travail chinois.

60 — Coupe en émail cloisonné de la Chine, fond
blanc.

61 — Béquille de canne en verre blanc émaillé.

62 — Nécessaire, composé d'ustensiles en cuivre ;
boîte en bois de placage.

63 — Cinq salières ovales en argent du temps de
Louis XVI.

64 — Petite théière en argent.

65 — Moulin à poivre et deux timbales en métal.

66 — Lanterne d'antichambre, avec crochet en fer,
à décor d'enroulements.

67 — Miroir dans un cadre en bois, revêtu de
feuilles d'argent estampé.

68 — Douze gravures : paysages, etc.

69 à 75 — Vingt et une pièces : fusil, sabres,
hache, poignards, etc. Travail oriental.

76 — Trois seaux à rafraîchir en métal argenté,
l'un d'eux avec armoiries. XVIIIe siècle.

77 — Petite jardinière, émail cloisonné du Japon.

78 — Écran Louis XVI, en acajou, à double feuille.

79 — Quatre galeries de croisées, bois doré.
Louis XVI.

80 — Tableau ovale en mosaïque: portrait d'homme barbu.

81 — Deux étuis orientaux en fer damasquiné.

BOIS SCULPTÉS

82 — Statuette de sainte femme debout, tenant un reliquaire ; bois peint. xvie siècle.

Haut., 39 cent.

83 — Lutrin en bois sculpté, peint et doré, formé d'un aigle aux ailes déployées. xviie siècle.

Haut., 57 cent.

84 — Petit buste : allégorie de la vie et de la mort ; bois sculpté et peint. Allemagne. xviie siècle.

Haut., 30 cent.

85 — Statuette en bois sculpté, peint et doré : saint personnage debout, tenant un livre, vêtu d'une longue tunique recouverte d'un manteau. xvie siècle.

Haut., 61 cent.

86 — Statuette de saint Michel en bois sculpté, peint et doré.

BRONZES, PENDULE

87 — Deux chenets, cuivre, à mufles de lion.

88 — Baiser de paix, en cuivre. Ancien travail italien.

89 — Groupe en bronze : chiens de chasse, par Mène.

90 — Deux statuettes en bronze patiné : enfants et animaux. Socle en marbre bleu-turquin.

91 — Pendule en marqueterie de cuivre sur écaille, ornée de cariatides, d'encadrements, de bas-reliefs et d'une figure du temps en bronze.

92 — Deux statuettes en bronze : vieillard et fillette.

93 — Bassinoire en cuivre.

94 — Fontaine-applique avec bassin; cuivre rouge.

95 — Deux chenets, cuivre ; modèle à boules et mascarons.

96 — Deux flambeaux-cassolettes en bronze, tiges cannelées, anses à têtes de boucs. Époque Louis XVI.

97 — Petit lustre, à six lumières, en dinanderie, à tige ornée d'un groupe : la Vierge et l'Enfant Jésus, branches à motifs gothiques.

Haut., 55 cent.

98 — Bénitier en dinanderie, muni d'une anse ; décor de moulures avec mascarons aux attaches de l'anse. Ancien travail flamand.

99 — Applique en bronze doré, mascaron de chérubin. XVIIe siècle.

100 — Mortier en bronze, décoré de feuilles, de pommes de pin, de mascarons ainsi que d'une baguette enguirlandée avec monogramme. Italie. XVIe siècle.

Haut., 18 cent.

101 — Statuette en bronze : Hercule.

102 — Statuette en bronze : Guerrier nu, tenant un glaive.

103 — Bras de lumière en bronze, à plateau rond et tige cannelée. XVIIe siècle.

104 — Flambeau en cuivre gravé, à tige quadrilatérale.

ETOFFES, TAPIS

TAPISSERIES

105 — Châle cachemire, fond blanc.

106 — Deux nappes en guipure et fils tirés. Ancien travail italien.

107 — Bande, guipure de fil.

108 — Lot de bandes en ancienne guipure.

109 — Orfroi en velours bleu, avec applications et broderies. Italie, XVIe siècle.

110 — Portière en tapisserie de la fin du XVIIe siècle, présentant cinq personnages en costumes de l'époque.

Haut., 2 m. 35 cent. ; larg., 1 m. 30 cent.

111 — Tapisserie flamande du XVIIe siècle, à sujet de style antique. Bordure à fruits et fleurs, avec armoiries.

Haut., 3 m. 45 cent. ; larg., 2 m. 40 cent.

112 — Panneau en velours de Scutari : rosace et fruits.

113 — Panneau en soie brochée : fleurs et motifs étoilés. Travail oriental.

114 — Grande écharpe orientale, à fond blanc.

115 — Ceinture polonaise, à dessin de fleurettes.

116 — Lot de fragments d'étoffes et de tapisseries.

117 — Carpette, à décor de branches fleuries ; au centre, médaillon contenant deux animaux et une inscription. Bordure à fond gris. Ancien travail oriental.

118 à 125 — Huit carpettes d'Orient.